AF457667

BILLAUD-VARENNES
JUGÉ PAR LUI-MEME.
OU
REPONSE
A LA RÉPONSE
DE
BILLAUD-VARENNES.

A PARIS,

De l'Imprimerie de GUILHEMAT, Imprimeur de la Liberté, rue Serpente, n° 23.

An IIIe de la République.

BILLAUD-VARENNES JUGÉ PAR LUI-MÊME.

OU

RÉPONSE A LA RÉPONSE

DE BILLAUD-VARENNES.

EGALEMENT inconnu de Laurent Lecointre & de Billaud-Varennes, je me demanderois à moi-même qui me porte à faire part au public de mon sentiment sur le résultat que doit avoir le jugement qui va être prononcé sur les quatre Représentans dénoncés, si la cause qu'a embrassé Lecointre n'étoit en même tems celle de l'humanité souffrante, & pour tout français sensible, celle de la Patrie menacée de retomber dans les déchiremens affreux dont elle est à peine sortie.

Il ne faut, sans doute, que le sens le plus ordinaire pour se convaincre de l'impossibilité où sont Billaud & ses complices de se disculper des dénonciations sous lesquelles ils

A 2

ſe replient en tout ſens ; mais leurs efforts, auſſi vains qu'inſenſés pour ſe ſouſtraire au ſort qu'ils ont ſi juſtement mérité, ne paroîtront ſurprenans qu'à ceux qui ignorent que des hommes de leur trempe, peu difficiles ſur les moyens de la vie, la regrettent, en raiſon inverſe de ce que, dans leur poſition, elle ſeroit à charge à tout autre.

Loin d'être accablés du poids de leurs crimes, des ſcélérats auſſi prononcés ne trouvent dans leur ſouvenir que des forces nouvelles pour en méditer de nouveaux ; ils ne regrettent que les fruits qu'ils s'en étoient promis, & ne reconnoiſſent le remords qu'à la vue du ſupplice. Cruels de ſang froid, & par caractère, ils ſont inſolens, tant qu'on a la foibleſſe de leur céder ; mais lâches & puſillanimes du moment qu'ils ſont démaſqués, ils tremblent aux aprêts de la mort. Tremblez donc bourreaux de ma patrie, tygres altérés de ſang de nos frères, l'opinion a dreſſé votre échaffaud; encore un moment, & celui qui ſoulagera le ſol de la République du fardeau de votre criminelle exiſtence, aura juſtement porté le nom de vengeur.

En analyſant la réponſe de Billaud, je me diſpenſerai de faire reſſortir ſes ſavantes applications des fables de la Fontaine, ſes triviales citations du billet donné à la Châtre, & ses fades épigrammes, peu nombreuses, parce qu'il avoit besoin d'électeurs; mais noyées dans un flux de redites, de contradictions, plus souvent d'impostures, & presque toujours de disgressions, qui n'ont aucuns rapports aux faits qui lui sont imputés.

Suivons Billaud dans sa marche, & commençons, avant tout, comme il le demande, par lui donner la solution qui paroît tant l'embarrasser.

Billaud ne comprend pas comment dans sa dénonciation, Lecointre se permet d'amalgamer deux comités chargés d'opérations distinctes & de faire un triage de certains membres dans ces deux comités, pour les accuser cumulativement des faits qui sont de l'attribution tantôt d'un comité, tantôt de l'autre.

Cette demande, qui, bien que de mauvaise foi, est ce que Billaud a de mieux écrit dans le cours de sa volumineuse défense, a de plus l'avantage d'être assez captieuse; & présentée par cette perfide adresse, sous le faux jour qui lui est donné, elle pourroit au premier abord paroître revêtue de quelques formes spécieuses; il ne sera pas difficile de la produire sous le point de jour qui lui convient, & de lui faire perdre tout le faux éclat dont Billaud a si bien sçu s'environner.

En effet, pour s'arrêter à une observation aussi vicieuse, il faudroit n'avoir aucune idée des divisions du travail des comités, & être assez crédule ou assez inepte pour ajouter foi aux absurdités choquantes de Billaud-Varennes. Croit-il en imposer à la nation entière sur la nature des opérations de ces deux comités sur lesquels l'intérêt national a toujours fixé l'attention ? Croit-il rendre communs à tous les membres qui avoient chacun leur division, les crimes & les horreurs qui n'ont pu être dirigés que par son génie destructeur & celui de ses co-accusés ? Pense-t-il qu'on ignore que, quoique du comité de salut public, Carnot, Prieur & Lindet n'ont jamais voulu s'associer aux assassinats multipliés & aux barbaries exécrables de Billaud, de Barrère & de Collot-d'Herbois ; & s'ils se sont courageusement refusés à signer l'arrêt de mort des représentans qui ont subi le supplice des conspirateurs, parce que les meneurs du comité en banissoient les formes juridiques, les accusera-t-on d'avoir participé aux boucheries surnommées *révolutionnaires*, de ces malheureuses victimes dont la plûpart ont péri sans ſoupçonner même les motifs de leur arreſtation? Non le comité n'a point fait un triage de certains membres dans le comité de ſalut public ; mais il n'a accuſé que les coupables. Devoit-il, révolutionnairement auſſi, comptant pour rien la vie des innocens, ne pas s'arrêter au minutieux détail qu'entraîne néceſſairement une diſtinction qui n'a pour unique réſultat que d'arracher au ſupplice quelques individus dont l'exiſtence eſt ſi peu indiſpenſable à l'intérêt de la choſe publique? ſans doute, Lecointre, il étoit bien plus ſimple d'accuſer tout le comité en maſſe, & de laiſſer à la poſtérité le ſoin de réhabiliter la mémoire de ceux qui n'auroient qu'augmenté le nombre des victimes, indiſpenſable dans une auſſi grande révolution.

Il eſt évident que Billaud voudroit envelopper dans ſa cauſe tous les membres des comités dont il faiſoit partie avec ſes co-accuſés. En augmentant le nombre des coupables, il ſe flatte de paralyſer le cours de la juſtice; ou ſi on refuſe de lui prêter ce deſſein peu délicat, il faut donc croire que la paſſion & la fureur de faire de victimes le pourſuivent juſques dans ſes pitoyables moyens de juſtification.

Paſſons aux réponſes de Billaud, aux

inculpations cathégoriques de Lecointre : il ſuffira de les parcourir rapidement pour en démontrer le vuide & la mauvaiſe foi.

Je ſerai forcé de ſuivre une marche capricieuſe : c'eſt celle de Billaud. Il commence par refuter le 27e. chef d'accuſation, puis il place une longue période, qni préſente le tableau ſucceſſif des différentes poſitions de la France, & des ſervices importans qu'il lui a rendu. Il commence au moment où le comité de ſalut public donne *des chevaux de poſte à une armée* pour aller ſecourir Dunkerque bombardé, & finit à celui de l'établiſſement de l'école de Mars; puis enfin il reprend la ſérie des chefs d'accuſation.

Dénoncés d'abord pour n'avoir pas tenu des regiſtres de leurs arrêtés, ou pour les avoir ſupprimés, Billaud répond que cette inculpation retombe ſur le chef général des bureaux; il nie enſuite le fait ſur lequel porte la queſtion, en aſſurant avoir connu ces regiſtres; mais ils ne ſe trouvent pas ! mais s'ils ont exiſté, le chef général des bureaux n'avoit aucun intérêt de les faire diſparoître ! Mais ſi quelqu'un doit en être violemment ſoupçonné, ce ſont néceſſairement ceux qu'ils auroient accufés. En avouant qu'ils ont exifté, puifqu'ils ne fe trouvent plus, Billaud fe condamne lui-même.

Je paffe ici environ quarante pages que Billaud emploie à faire la longue & faftidieufe énumération des prétendus fervices qu'il a rendu à la chofe publique, qu'il remplit à fatiguer fes lecteurs de fon défintéreffement, de fa modeftie à ne jamais parler de lui, de fa vie retirée, de fon affectation à fuir les hommes à brillante réputation, Robefpierre lui-même, de la haine enfin qu'il a toujours porté aux trois confpirateurs, Couthon, Saint-Juft & & Robefpierre. S'il eft des affertions affez abfurdes pour ne pas exiger de réponfe, on croira fans peine que celles-ci font du nombre ; d'ailleurs celui qui a eu le courage de lire, jufqu'à la fin, des impoftures auffi criantes, & la patience de ne pas jetter au feu le livre qui les contenoit, doit au moins être difpenfé d'y revenir encore une fois, & de s'appefantir fur des détails auffi dégoûtans.

Pour repouffer l'accufation d'avoir étendu le fyftême d'oppreffion jufques fur les membres de la Convention, Billaud répète fans ceffe que cette inculpation ne porte nullement ſur les membres accuſés, mais ſur les trois conſpirateurs dont les têtes ſont tombées ; il tire ſa preuve convictive des diviſions qui ont exiſté entr'eux & qui ont éclaté le 9 Thermidor.

Il faut être bien coupable pour avoir recours à des moyens auſſi dénués de vraiſemblance. Sans contredit, Billaud, vous avez été diviſés, on vous l'a déjà dit, & toute la France le ſait ; mais la ferez-vous remonter plus haut que quelques jours avant la mort de Robeſpierre, cette diviſion qui n'eût jamais eu lieu ſi vous aviez été d'accord ſur le choix de vos victimes? Impoſteur mal-adroit, étiez-vous diviſés, quand, tous les jours, miniſtres de vos volontés infernales, un tribunal encore dégoûtant de vos crimes, envoyoit à la mort des milliers de Français ? Etiez-vous diviſés, quand vous écriviez à Bordeaux qu'il n'étoit pas encore temps de mettre la juſtice à l'ordre du jour ? quand vous y preſcriviez à un tribunal de ſang, caſſé par l'humanité d'un repréſentant, & rétabli par vous dans ſes fonctions homicides, de ne plus condamner à une amende pécuniaire les habitans ſuſpects, mais de les envoyer à la mort? Etiez-vous divisés, quand des horreurs dont les annales de l'histoire ne présentent pas d'exemples & que la postérité se refusera à croire, ont été commises, sous vos auspices, à Bédoin, à Orange, à Lyon, à Nantes, à Bordeaux? ...... Mais que dis-je, & que citai-je le nòm de quelques villes plus malheureuses que les autres! Est-il une commune de mon infortunée patrie, qui n'ait vu couler le sang innocent qui crie vengeance contre ce qui reste de ses exécrables bourreaux? & vous avez été divisés! Dieux! quel funeste accord au milieu de vos divisions! L'intérêt, la jalousie & l'ambition vous ont divisés, &, s'il t'en faut croire, Billaud, vous n'avez été unis que pour le meurtre & les assassinats. Quoi! vous n'avéz pu être unis que par le désir égal en chacun de vous, de changer en un vaste cimetière, le plus bel état de l'univers! & telle a été en vous la force de la même passion pour le crime, qu'elle a pu établir une union entre des monstres qui n'ont jamais connu d'autre jouissance que celle de se baigner dans le sang de leurs semblables. Quoi, Billaud, tu oses avec tes complices, invoquer, pour votre commune justification, vos divisions, à l'époque qui a ſauvé les Français ! Mais je veux croire à ces prétendues diviſions ; je veux même publier ton innocence, ſi ta fertile imagination peut m'offrir l'idée de quelques forfaits en horreur à la nature & à l'humanité, dont tes mains ne ſoient pas encore fumantes, & dont tu n'ayes partagé l'exécution avec les trois conſpirateurs que tu devois ſuivre à l'échafaud.

Lecointre vous accuſe d'avoir deſpotiquement tyranniſé les opinions de la Convention, en ne permettant aucune diſcuſſion ſur les lois préſentées par le comité de ſalut public ; & c'eſt à ce chef d'accuſation que toute la France eſt à même de juger que Billaud a l'impudeur de répondre par un démenti formel. Il objecte, comme une preuve ſans replique, que la loi du 14 frimaire a été ſoumiſe à quelques débats.

On a peine à concevoir comment un homme, qui ne ſait pas écrire ſans annoncer des prétentions aux connoiſſances & à l'eſprit, a pu ſe permettre de livrer à l'impreſſion une réponſe auſſi inſignifiante. On eſt encore à deviner ce qu'il a voulu prouver par un fait iſolé & que mille autres détruisent. Sont-ce vos lois sanguinaires que vous avez soumis à l'examen de la Convention ? Oseriez-vous citer la loi du 27 germinal, qui a proscrit plus de cent mille familles, & que vous avez annoncé à la Convention, comme si elle n'eût pas eu le droit de la discuter ; ou citeriez-vous celle qui a voulu livrer nos prisonniers de guerre à la hache du boucher & au fer de l'assassin, & qui a tenté, mais en vain, de changer en bourreaux mercenaires, nos braves soldats que vous avez cru capables de marcher sur vos traces ; ou parlerez-vous de celle du 22 prairéal, dans laquelle vous n'avez pas craint de lever totalement le masque, en bannissant toutes formes juridiques de ces bains de sang, dans lesquels vous avez dit hautement que vous vouliez régénérer la France ?

Plus prudent, lorsqu'on l'accuse de s'être entouré de gens perdus de crimes, de leur avoir donné des pouvoirs en blanc & d'avoir autorisé leurs forfaits, Billand laisse entrevoir que l'accusation peut être difficile à écarter ; mais il a soin de rejetter les faits qu'il sait être à l'appui de cette assertion, sur les membres de l'ancien comité de sûreté générale, qui y répondront, comme ils le jugeront à propos. Quoiqu'ici, comme par-tout ailleurs, on reconnoiſſe la mauvaiſe foi de Billaud, on ne doit pas lui en vouloir : il eſt des circonſtances impérieuſes où on ſe voit forcé d'avoir recours à de ſemblables faux fuyants. Je ſuis perſuadé, qu'il déſireroit, autant que perſonne, avoir pu mettre plus de franchiſe dans ſes réponſes; je crois qu'il eût été plus agréable pour lui de prouver que le comité de sûreté générale eſt le ſeul qui ait employé des agens criminels & ait autoriſé leurs vexations; je crois qu'il eût bien mieux aimé ne pas éluder la queſtion & démontrer clairement que ce fait ne porte pas autant ſur le comité de ſalut public que ſur celui ſur lequel il voudroit le rejetter excluſivement.

Vous avez couvert la France de priſons, de mille baſtilles; vous avez rempli de deuil la République entière, par l'incarcération de plus de 200,000 citoyens, de pères de famille, d'infirmes, d'octogenaires, même de défenſeurs de la patrie.

Billaud, comment as-tu pu eſſayer de détruire ce chef d'accuſation? tu demandes des pièces qui en atteſtent l'authenticité!

Malheureux ! jouis donc encore du plaisir féroce de contempler ces tristes victimes que tu as si long-tems fait gémir dans des cachots, & auxquels, avec le concours de tes agens & de tes complices, tu as fait souffrir mille morts, en l'offrant tous les jours à leurs yeux, en attendant que ton caprice ou le hasard décidât des prétextes qui couvriroient leur condamnation & du jour où ils marcheroient au supplice. Appelle-la donc à Paris cette foule innombrable d'infortunés que ta rage avoit proscrit; fais entendre leur témoignage : leur nombre seul peut égaler celui de tes forfaits : les sillons que la douleur a imprimé sur leurs joues, leur voix plaintive & leurs gémissemens sont le seul témoignage, la seule pièce probante qui manque à l'arrêt de ta mort.

Les 9e & 10e chefs d'accusation portent sur la loi du 22 prairéal, dont Billaud & ses complices voudroient en vain rejetter toute l'horreur sur Roberspierre, qu'ils assurent ne les avoir pas consultés sur la proposition impérieuse d'une loi aussi barbare. Lorsqu'on ne marche qu'à côté de la vérité, il est rare qu'on ne laisse pas quelque trace de la fourberie : ici Billaud n'est pas conséquent ; nous allons prouver qu'il se contredit complettement. Il dit (page 56) qu'ils n'ont pas eu de connoissance positive du projet de Roberspierre, & qu'ils n'ont pu prendre des délibérations; mais (page 55) il vient d'écrire, en lettres italiques, que Fouquier-Thinville parla de ce projet au Comité de Salut Public à Collot, Barrere, Carnot & Billaud, qui répondirent formellement : *que cet objet regardoit Roberspierre.*

Vous aviez donc connoissance de ce projet, puisque vous déclarez qu'il regarde Roberspierre? à prendre cette réponse dans le sens littéral, c'est celle de plusieurs membres, qui d'accord sur un projet de décret, en ont confié la rédaction à un autre; de cet aveu au moins résulte-t-il que vous étiez assez instruit pour représenter à Robespierre ce que cette loi avoit d'atroce, si c'eût été votre sentiment. Vous ne pouviez pas en ignorer les dispositions, puisque votre réponse a été nécessitée par les *observations de Fouquier*. C'est donc une imposture que vous avancez (p. 56) en affirmant que *vous n'en avez pas eu de connoissance positive* : car des observations sur un projet de loi doivent en donner une parfaite connoissance.

Votre seconde assertion qui porte que vous n'avez pas été à même de prendre de délibé-

rations

rations à ce ſujet, eſt encore une nouvelle impoſture : car, pour ſuppoſer avec Billaud, que lui, Barrere & Collot, loin d'être d'accord avec Roberſpierre, n'attendiſſent que le moment où il leur feroit part de ſon projet pour le combattre & lui refuser ſon approbation, il faudroit que Billaud, toujours (page 56) ne nous apprît pas qu'ils eurent cette occaſion au Comité de Salut Public où Fouquier le diſcutant avec Robeſpierre, celui-ci fut obligé d'arrêter la diſcuſſion, en déclarant que des ariſtocrates ſeuls pouvoient parler ainſi; que Prieur, *Barrere, Collot & Billaud, préſens à ce débat, gardèrent tous le ſilence.*

On voit qu'il ſuffit de rapprocher les expreſſions de Billaud pour conſtater ſes nombreuſes impoſtures, pour prouver que la loi du 22 prairéal n'eſt pas excluſivement l'ouvrage de Robeſpierre, & que tous les membres du Comité y ont participé. Il eſt inutile à cet égard d'ajouter avec Lecointre que les mêmes membres étoient préſens lorſque la loi fut annoncée à l'aſſemblée, & qu'ils furent les premiers à s'oppoſer à l'impreſſion & à l'ajournement.

Dans les 11e & 12eme articles qui accu-

ſent Billaud & les membres dénoncés d'avoir ouvertement protégé Pache, en arrêtant l'effet d'un mandat d'arrêt contre lui, en intimant à Fouquier l'ordre de ne jamais le mettre à exécution; d'avoir également ſouſtrait à des mandats d'arrêts Henriot, Mathieu, Lubin & Gobaut, impliqués dans l'affaire d'Hébert, & contre leſquels il y avoit des charges très-graves aux Comités : Billaud ſe contente de répondre que cette dénonciation a été rejetée par la Convention. Sans doute elle a été rejetée : la dénonciation en entier a même été déclarée calomnieuſe : quelle conſéquence Billaud prétend-il en tirer ? Je l'ignore : les reſſources de mon imagination n'ont rien de commun avec les ſiennes. Cependant il me ſemble qu'il n'y en a qu'une. J'y vois que les Jaccobins ſouilloient encore la république de leurs impures vociférations, qu'ils dictoient encore à la Convention les décrets qui autoriſoient leurs dilapidations & le régime affreux de terreur qu'ils avoient répandu ſur toute la ſurface de la République ; que Collot, Billaud & Barrère étoient les chefs de cette ſecte infernale, & que ſous le règne des jacobins, une dénonciation contre les chefs de ce parti, ne pouvoit qu'être déclarée calomnieuſe. Mais les faits dénoncés par Lecointre en ſont-ils moins authentiques ? Lecointre en a-t-il moins prouvé la complicité de ceux qu'il dénonce avec Pache, Henriot, Mathieu, Lubin & Gobaut leurs protégés, qui, comme eux, n'étoient que les créatures de Robeſpierre, & qui, comme eux, étoient attachés à ſon char contre-révolutionnaire & tyrannique.

La conduite qu'ont tenu les membres du comité de ſalut public, à l'époque du jugement de Danton, Lacroix & autres repréſentans, eſt un chef d'accuſation qui porte ſur des faits non moins horribles que les précédens. Les détails en ſont trop connus pour que je croye devoir y revenir & prouver qu'ils n'avoient pas le droit de fouler aux pieds la loi établie chez tous les peuples, qui veut que les plus grands coupables ſoient entendus. Je me contenterai d'obſerver à Billaud, à Collot & à Barrere, qu'il eſt bien étonnant qu'après les forfaits inouis qu'ils ont accumulés, ils obtiennent dans leur jugement des formes auſſi environnées d'entraves & de lenteurs, eux qui ont précipité tant de repréſentans à l'échafaud, eux qui par leur influence despotique sous laquelle ils faisoient courber la Convention, les ont privé du droit imprescriptible de faire entendre leur justification, eux qui leur ont refusé les témoins qu'ils ont voulu faire entendre dans les tribunaux, & ont substitué à leurs justes réclamations, de faux rapports qui les déclaroient en révolte.

Les articles 15 & 16, inculpant nominativement d'autres membres que les trois membres du comité de salut public, je passe au 17.e & 18.e chefs d'accusation, qui portent qu'ils ont fait mettre en jugement cinquante à soixante personnes, en même temps, pour des délits différens, & qu'ils ont ordonné à l'accusateur public de faire juger, dans les 24 heures, tous les prévenus de la conspiration, dite des prisons.

Sans doute que dans une inculpation de cette nature, le témoignage le moins récusable & le moins équivoque doit être celui de Fouquier Thinville, accusateur public près le tribunal révolutionnaire. Par les rapports de sa place, il a dû se trouver sous le voile qui a couvert les intrigues & les inventions atroces qui ont fait couler tant de sang innocent, & entretenu les guillotines dans une activité qui fait frémir d'horreur. Il a dû être un des premiers inſtrumens, tant des vengeances perſonnelles de ces monſtres à figure humaine, qui ont laiſſé loin derrière eux les Néron, les Claude & les Calligula, que de leur inſatiable paſſion pour l'effuſion du ſang humain.

Cependant ce ſont les déclarations de Fouquier que Billaud trouve illégales & inadmiſſibles ; il prouve ſur-tout combien peu une de ſes déclarations mérite qu'on y ajoute foi, en ce qu'elle n'eſt pas revêtue d'une *formalité indiſpenſable*, de la date du jour où elle fut écrite ..... En vérité d'auſſi pitoyables raiſons ſeroient priſes pour de mauvaiſes plaiſanteries, ſi on pouvoit avoir l'idée que Billaud fût capable de plaiſanter ; en portant le pied ſur le premier échellon qui le conduit à l'échafaud.

Malgré Billaud, prenons la choſe au ſérieux, & demandons-lui ce qu'il répondra à des pièces datées & pourvues des formalités qu'il exige.

Sous les ſcellés apposés ſur les papiers de Fouquier, il a été trouvé un arrêté du comité de ſalut public, daté & ſigné des trois membres accusés, qui enjoint à Fouquier de faire mettre en jugement, dans les 24 heures, tous les prévenus de la conspiration dite des prisons, qui étoient au nombre de 155. Ce ne fut que sur les prudentes observations de Fouquier qu'on craignit d'exaspérer l'opinion publique & qu'on lui permit de les faire exécuter en trois jours. On conçoit bien que si Billaud se fût permis de nier l'existence de cet arrêté sanguinaire, il eût laissé contre lui une pièce trop convaincante de son imposture; aussi a-t-il préféré prendre le parti de justifier cet arrêté sanguinaire; pour essayer d'y parvenir, les assertions les plus extravagantes, les plus contrastantes avec des vérités connues de toute la France, ne lui répugnent pas & ne lui coûtent rien. Le croira-t-on ? il porte l'impudence jusqu'à vouloir prouver que ces prétendues conspirations, qui n'ont jamais existé que dans son imagination féroce & dans celle de ses complices, ont effectivement menacé les jours de la Convention nationale & nécessité leur arrêté. Il déclare lui-même qu'il eût désiré pouvoir presser le jugement des conspirateurs de la prison du Luxembourg;

qu'il eût été coupable de rester indifférent dans cette circonstance. Voilà quels sont sont les moyens de défense de Billaud, sur ce chef d'accusation ; il se borne à vouloir prouver l'existence de ces prétendues conspirations, que personne n'ignore avoir été une des plus belles inventions du génie de Robespierre, invention infernale, au moyen de laquelle il a envoyé au supplice, comme coupables d'avoir conjuré sa mort avec l'amiral, plus de 150 personnes qui n'avoient jamais connu ni le nom ni la figure de cet amiral.

Sur l'accusation d'avoir démenti à la Convention les dénonciations faites contre Joseph Lebon, d'avoir fait un rapport infidel sur sa conduite & d'avoir déguisé ses cruautés, Billaud répond qu'ils ont dû prendre cette mesure pour empêcher Robespierre d'entamer la Convention........ S'il étoit possible que des accusés chargeassent leur accusateur de faire lui-même à ses dénonciations des réponses qui ne répondissent à rien, on ne seroit pas surpris que le comité eût pu faire cette dernière. Cependant je dois me souvenir que c'est celle de Billaud, & lui demander comment il a pu concevoir que la juste punition des crimes de Lebon, eût entamé la Convention. Depuis les dénonciations contre Lebon, Carrier est le seul représentant dont la justice nationale ait fait un exemple, et assurément la mort de Carrier n'a pas entamé la Convention; d'ailleurs en remontant à une époque plus éloignée, combien de fois la Convention n'a-t-elle pas compté parmi ses membres, des conspirateurs et des scélérats qui, en portant la tête sur l'échafaud, ne laissoient plus à Billaud la crainte que la Convention fût entamée, puisque déjà elle l'avoit été plusieurs fois? Mais Billaud devroit bien nous apprendre comment il entend faire accorder cette prétendue crainte avec l'oppression sous laquelle il a fait gémir la Convention et avec les proscriptions dont il a frappé une partie de ses membres; il devroit nous apprendre comment l'humanité a pu se porter à jetter un voile criminel sur les forfaits de Lebon, et comment il prouvera que quelques considérations personnelles, quand bien même il ne seroit pas aussi absurde d'en supposer, ont dû l'emporter sur les accens plaintifs des habitans de cette malheureuse commune, qui crioient vengeance et demandoient justice contre les horreurs de ce prêtre sanguinaire.

Billaud termine sa réponse à ce chef d'accusation, par une idée bien ingénieuse qu'il reproduit, à diverses reprises, sous des couleurs différentes. Il observe qu'il y avoit alors près de cent représentans en mission auprès des armées et dans les départemens, et les interpelle de déclarer s'ils n'ont pas reçu du comité, des instructions contraires à celles qu'on lui reproche d'avoir donné à quelques représentans; c'est-à-dire, que Billaud nous observe que tous les membres de la Convention, alors en mission, n'étoient pas ses complices; car c'est la seule conséquence qu'on puisse tirer de la politique qu'ils ont cru devoir garder auprès des représentans en qui ils ont connu trop de droiture ou d'humanité, pour leur envoyer les ordres qu'ont reçu Collot-d'Herbois à Lyon, Maignet à

Marseille, Lebon à Bedouin, Léonard-Bourdon à Orléans, Carrier à Nantes, etc. etc.

Il est clair que cette assertion ne répond encore à rien; car, de ce qu'un grand nombre de représentans ont été incapables de s'associer aux horribles travaux du comité de salut public, il n'en résulte pas que ce même comité n'aye présidé et même ordonné, comme mille preuves l'attestent, les crimes de Collot, de Maignet, de Lebon, de Carrier, etc.; en cela, il n'y a encore rien qui les justifie d'avoir excusé et pallié les atrocités de Lebon dans le sein de la Convention nationale. Il est aisé de voir que toutes les réponses de Billaud sortent de la même plume; elles s'écartent toutes de la question, ou tentent de la détruire par les impostures les plus mal voilées.

Les trois articles suivans qui pourroient se réduire en un seul chef d'accusation, ont rapport à la journée du 9 au 10 thermidor, à la plus grave des inculpations, à celle de n'avoir pris aucune mesure pour assurer la tranquillité publique, de n'avoir fait arrêter ni Henriot, ni le maire, ni les autres complices de Robespierre. Billaud prouve l'impossibilité où étoit le comité d'effectuer ces arrestations, en ce qu'il ne pouvoit faire arrêter ni le maire par Henriot, ni Henriot par le maire. Cette réponse aussi pitoyable que les précédentes; suffiroit, comme je l'ai déjà dit plus haut, pour condamner Billaud; car il est aussi mal-adroit qu'absurde, de dire que le maire seul pouvoit arrêter Henriot, et qu'Henriot seul pouvoit arêter le maire. Quoi! dans le moment où le comité de salut public influençoit despotiquement la Convention, lorsqu'il tenoit exclusivement les rênes du gouvernement, lorsqu'il disposoit à son gré de la liberté et de la vie de tous les citoyens, lorsque ses arrêtés suffisoient pour casser les fonctionnaires publics et leur nommer des successeurs! Quoi! c'est dans ce moment de sa toute puissance, que Billaud ose avancer que ce même comité n'a pu faire arrêter ni le maire, ni le commandant de la garde nationale.

Telle est la substance des moyens que Billaud publie pour sa justi: cation. On n'y trouve qu'un verbiage fatignant, que contradictions, qu'incohérences et qu'impostures grossières. Malgré toute l'astuce dont il a su entortiller ses réponses, on distingue à chaque page l'embarras du criminel terrassé par la force de la vérité. La nature des crimes des accusés a cela de remarquable, qu'ils sont si peu susceptibles d'être déguisés, que sur leur propre justification, et sans connoître les chefs d'accusation qui l'ont nécessitée, ils doivent être condamnés au supplice des plus grands scélérats....... Mais déjà les coupables sont jugés au tribunal de l'opinion..... Déjà la voix du peuple s'est prononcée, et on peut espérer que la vengeance nationale, qui devroit déjà les avoir atteint, ne tardera pas à faire tomber leurs têtes sous le glaive de la justice. Cependant, quoique jugés par le peuple, ils secouent encore au milieu de l.i les torches enflammées de la de la guerre civile : leur arrêt est la mort ; et ils conservent encore leurs places au milieu de représentans d'un grand peuple qui se dit libre, et qui ne le sera que lorsqu'il ne souffrira plus au sanctuaire des loix, ces hommes qui n'ont jamais connu que celles de leurs passions ; ces hommes dont les mains fumantes sont encore rouges du sang Français; ces hommes féroces, sur lesquels il n'est pas d'être sensible qui puisse jetter les yeux sans éprouver aussi-tôt un frissonnement d'horreur et d'indignation.

TRIOLET (*).

Lequel des trois fut le plus sanguinaire,
De Billaud, d'Herbois ou Barrere?
Lequel des trois est aux abois,
De Barrere, Billaud ou d'Herbois?
Lequel des trois mérite l'échafaud,
De Barrere d'Herbois ou Billaud?

* Extrait du Journal des Lois.

FIN.

www.ingramcontent.com/pod-product-compliance
Ingram Content Group UK Ltd.
Pitfield, Milton Keynes, MK11 3LW, UK
UKHW022202190726
13855UKWH00004B/1593